O PODER INTERIOR - Lançamento: 1980
NOVA edição refeita e atualizada, em 2013.

Capa: Andrey Lamberty

T814p Trevisan Lauro
O poder interior / Lauro Trevisan - 69. ed. revisado e atualizado - Santa Maria : Editora da Mente, 2013.
128 p.
ISBN: 85-7151-018-0

1. Poder Interior 2. Autoajuda 3. Psicologia 4. Motivação 5. Espiritualidade I. Título

CDU 159.962.7

Ficha Catalográfica elaborada por Eunice de Olivera - CRB 0/1491

EDITORA DA mente

Pedidos:Editora e Distribuidora da Mente Ltda
Rua Tuiuti, 1677 – Caixa Postal:559
97015-663 Santa Maria – Rs – Brasil
Telefone: (0**55)3223.0202 – Fax: (0**55)221.7184
E-mail: mente@editoradamente.com.br
Site: www.editoradamente.com.br
E-mail autor: laurotr@uol.com.br
Site do autor: www.laurotrevisan.com.br

Lauro Trevisan

O PODER INTERIOR

Revisado e atualizado

69ª edição

Santa Maria - RS
Editora da Mente
2013

Vejo o passado como escola positiva, o presente como única realidade existencial, e o futuro apenas como a colheita do presente.

Lauro Trevisan

Para uma Vida Melhor

Você sempre sonhou com uma vida feliz e bem-sucedida e fica perplexo diante da inutilidade de seus esforços, até agora, no sentido de alcançar este objetivo.

Será que a felicidade existe?

Quando você vê tanta gente boa passando por fases difíceis, situações complicadas, sofrimentos terríveis, talvez se pergunte se é possível ser feliz, próspero e saudável neste planeta.

Lembro uma frase do escritor Oscar Wilde (1854-1900), que pode caber bem aqui, como início de conversa: "Quando somos felizes somos sempre bons, mas quando somos bons, nem sempre somos felizes".

Um dia, eu li esta mensagem: "Já que não podes ser feliz, aprende a conviver com a infelicidade".

Não concordo.

Infelicidade é apenas o lugar errado. Desamor não passa de fogo apagado, que pode e deve ser reacendido.

Pobreza é estado mental.

Doença é aviso benéfico urgente de que é preciso mudar.

Se os seus desejos de felicidade não pudessem ser alcançados, sua vida não passaria de uma irrealização, de um projeto impossível. Neste caso, seria o mesmo que decretar a falência da sabedoria infinita do Criador.

Mas, para a sua grande alegria, afirmo-lhe, com todas as letras, que a felicidade existe e está ao seu alcance.

Esta jornada mística vai abrir-lhe as portas da felicidade e você, finalmente, entrará no reino dos céus, que o Mestre apregoava há dois mil anos.

Se você não acredita na possibilidade de levar uma vida agradável, positiva, alegre, saudável, feliz, de duas uma: ou você está procurando esses valores em lugar errado, ou desistiu deles.

Enquanto você vive no vaivém de pensamentos e emoções contraditórios, enquanto você se debate na correnteza das aflições e dos tormentos internos, está longe de vislumbrar o estado de felicidade.

Mas nem por isso deixa de existir. E o mais fantástico é que felicidade, bem-estar, alegria, paz de espírito, amor e alto-astral são energias internas sempre ao seu dispor.

O sábio da antiguidade Confúcio (551-479ac) disse: "O homem será feliz se souber encontrar o céu dentro de si". E a poetisa inglesa Elizabeth Barrett

Browning (1806-1861) afirmou: "A Terra está recheada de céu".

Não quero que você acredite e nem que desista. Sei que é muito inteligente e intuitivo, por isso pagou para ver. Siga em frente, como o desbravador de diamantes.

Siga por esta senda segura e sua mente resplandecerá como a aurora iluminando as flores e inundando de ouro os pingos de orvalho.

Sua saúde renovar-se-á.

Este é o caminho místico que curará enfermidades e restabelecerá a harmonia do corpo, mente, coração afetivo e espírito.

A Saúde Volta a Você

Como você luta, diariamente, para reencontrar as energias físicas e criar vitalidade orgânica! Lembre os muitos tratamentos, os muitos médicos, as muitas experiências, as muitas tentativas, os muitos remédios, os muitos processos terapêuticos! Talvez, até, você já esteja entregando as armas, em desânimo total, porque lhe foi dito que seu mal é irreversível e fatal.

Agora, porém, um grande lampejo de esperança brilha em você.

Esta jornada será a sua salvação.

Você poderá alcançar a cura total, acionando a força curadora todo-poderosa, que existe nas profundezas do seu subconsciente.

Tenha certeza de que esta caminhada, pelo deserto místico de si mesmo, levará você à perfeição física.

Seu corpo é a forma pela qual o Infinito, em você, se expressa no universo, por isso você é chamado a ter um corpo perfeito, assim como o Pai é perfeito, na palavra do Mestre.

Mente Alegre
Coração Feliz
Espírito de Sabedoria e Poder

Nem sempre você reconhece a mente como causa de tristezas, desânimo, fracassos, depressão, estresse, mágoa, irritabilidade e enfermidades. Nesse deserto místico sua mente se libertará e você encontrará imensa alegria de viver.

O coração afetivo, sede dos seus sentimentos e emoções, pode estar sofrendo perturbações, frieza, desamor, solidão e desilusões. É compreensível. Você terá dez dias de contato especial com seu coração e dessa união sincera emergirão o amor e a felicidade.

A certeza de que seu milagre acontecerá está no contato com o espírito, fonte de poder e sabedoria.

Venha a este deserto maravilhoso, inicie com fé e entusiasmo esta jornada, e você será o descobridor de um novo e belo mundo existencial.

Quarenta Dias no Deserto Místico de Si Mesmo

O número quarenta é bastante usado na bíblia, o que significa que há um sentido místico no seu bojo.

A temporada de preparação do Mestre para a vida pública foi de quarenta dias e quarenta noites; após a ressurreição, esteve quarenta dias com os apóstolos. Moisés jejuou quarenta dias e quarenta noites antes de receber as Tábuas da Lei; ao chegar ao povo, com as Tábuas da Lei, viu-o caído em idolatria; então, quebrou as Tábuas e jejuou mais quarenta dias e quarenta noites para receber novamente as Tábuas da Lei. A cidade de Nínive teve quarenta dias para fazer penitência a fim de livrar-se da destruição. O dilúvio durou quarenta dias. Elias jejuou quarenta dias e quarenta noites no monte Horeb; os judeus passaram quarenta anos no deserto. Já na liturgia cristã, temos os quarenta dias da quaresma, antes da festa da Páscoa.

Quarenta dias você consigo mesmo, que maravilha!

Após o Deserto

Ao sair do deserto, Jesus tornou-se a palavra criadora e curadora. Proclamou-se o Caminho, a Verdade e a Vida. Dominou todas as forças negativas, tanto das doenças mentais, como físicas. Sobrepujou a ação dos inimigos, contestadores e agressores. Era a paz, o amor, a grandeza, a nobreza, a palavra, o carisma. Viveu sempre no reino dos céus, que pregou aos outros.

Ao encetar a vida pública, tomado dessas Forças Divinas, esteve acima do fascínio do poder temporal, da vaidade e do orgulho.

Em si, equilibravam-se maravilhosamente a grandeza e a simplicidade, a justiça e a misericórdia, a tolerância e a perfeição.

Você também passará, a partir de hoje, quarenta dias e quarenta noites no deserto de si mesmo, abrindo os canais do espírito, da mente, do coração e do corpo, para que a iluminação mental e a perfeição física se manifestem de forma esplendorosa em si.

Esteja certo de que será o grande acontecimento de sua vida.

Por este caminho alegre e positivo você baterá à porta da sua dimensão interior, entrará e será saudável e feliz. Sem precisar mudar a rotina do seu dia a dia.

Os Quatro Estágios

Estes quarenta dias compreendem quatro etapas de dez dias.

Na primeira etapa, você percorrerá as vias da mente, abrindo-a de par em par, para que a sabedoria e o discernimento a iluminem. Nestes dez dias, você libertar-se-á, acabará com os medos, as preocupações, os traumas, os problemas, os nervosismos, a depressão, as perturbações e os erros que marcaram seu passado.

Na segunda etapa, você tocará o coração - a sede dos seus sentimentos e emoções - eliminando o vazio insuportável, a solidão, o ódio, as decepções no amor, a frieza interna, os problemas sexuais, o medo de perder o amor, os complexos do coração, o não-perdão e a dureza nos relacionamentos.

Na terceira etapa, serão desencadeadas as forças curadoras e a energia vital, que restabelecerão a ordem e harmonia que devem existir no universo do corpo. O fluxo curador aliviará, regenerará e fortalecerá os órgãos, as células, as glândulas, o sangue, os ossos, a pele, os nervos, os músculos e o sistema imunológico.

Na Quarta e última etapa, você descobrirá sua própria grandeza, estabelecerá contato com o Poder Infinito no seu íntimo, será positivo, alegre, saudável, verá a vida e o mundo com outros olhos e abençoará sua presença neste planeta.

Roteiro

Pela manhã, ao acordar, leia a reflexão do dia e deixe-se impregnar do seu conteúdo. Relaxe, mantenha a mente em repouso, e sinta o fluxo da mensagem. Viva essa experiência benéfica durante o dia. Repita a leitura do assunto outras vezes, ao longo do dia, se assim o desejar, e permita que a ação do espírito realize os resultados desejados. Não se deixe dominar por dúvidas, descrenças, pessimismos e medos.

Acredite no milagre da sua libertação.

À noite, ao deitar, continue essa caminhada benéfica e adormeça com a mente confiante, iluminada, radiante.

Só passe para a lição seguinte no outro dia, pela manhã.

I ETAPA

LIBERTAÇÃO E ILUMINAÇÃO DA MENTE

10 DIAS

1º Dia

Minha libertação mental

Este amanhecer é prenúncio de um dia especial. Começo a caminhada maravilhosa da minha libertação.

Entro neste deserto místico de paz e de alegria, com vontade de descarregar todo o peso e sentir-me leve como as nuvens do céu.

Sei que sou originário da Suprema Felicidade, nasci feliz para ser feliz. Estou convencido de que este é o primeiro passo em direção ao melhor da minha vida.

Suspendo as críticas acerbas, paro de culpar quem quer que seja pela minha situação. Perdoo o passado e o que houve de menos bom. Admito que tudo que aconteceu era necessário para meu aprendizado e crescimento, assim como para o sucesso da minha vida. Essa é a visão que tenho neste momento. Sou eu que faço a minha vida e ninguém mais. Sou eu, também, que começo uma nova vida a partir de agora, uma vida límpida, cristalina, saudável, livre, independente, positiva, cheia de amor e feliz.

Comemoro, desde já, a minha libertação.

Abençoo este dia.

Sou livre e leve. Livre e leve.

***

Mentalização. Leia o texto a seguir. Depois, relaxe, feche os olhos, respire profundamente várias vezes até sentir-se sereno. Deixe que alguma ideia desta reflexão invada sua mente. São os primeiros lampejos do sol da vida. Imagine essa luz inundando todo seu ser e sinta um profundo bem-estar e autoconfiança. Diga a si mesmo que assim é e assim será este dia.

2º Dia

Libertação dos complexos

Neste dia, desamarro de mim todos os complexos, porque eles são a minha prisão, não me deixam ser eu mesmo.

Os complexos são a máscara que tapa a minha verdadeira fisionomia.

Sinto-me, desde já, livre, forte, alegre, agradável, simpático, atraente, benquisto, inteligente, bem-sucedido, elegante, comunicativo, calmo.

Minha voz é bonita e agradável.

Olho-me no espelho e digo para mim mesmo: "Como eu gosto desta criatura maravilhosa que sou eu! Gosto do meu rosto, gosto do meu corpo, gosto da minha voz! Sou inteligente, equilibrado, decidido, bem-sucedido! Não sou mais nem menos que os outros. Sou eu mesmo, uma obra-prima do Criador.

Hoje é mais um lindo dia de libertação interior e exterior.

Porque eu gosto de mim, todos gostam de mim.

Eu sou o universo. O que eu sou, o universo é. O que o universo é, eu sou.

Se eu me considero agradável, o universo me considera agradável, porque o universo vibra a minha vibração.

Ah, que dia lindo será este!

É o dia em que me sinto liberto, dono de mim, positivo e feliz.

***

Mentalização. Relaxe, feche os olhos, respire profundamente algumas vezes e visualize uma fonte de água infinita jorrando sobre você e lavando todos os complexos, problemas, perturbações e males. Então, imagine um sol brilhante infinito e cósmico irradiando luz sobre sua mente e apagando todas as sombras dos complexos.

3º Dia

Libertação do sentimento de culpa

Neste momento milagroso do meu despertar, agradeço a vida e quero avançar mais um pouco na senda da minha libertação mental. Hoje estou decidido a livrar-me de todo complexo de culpa.

Deixo que a voz do meu íntimo me fale de culpas. Pela última vez.

Sim, esta é a última vez que o remorso falará dentro de mim. Porque esta voz é má, tirana, só quer me perseguir para me perturbar.

Como fui idiota em ficar o dia inteiro ouvindo esta voz destruidora, que busca empurrar o passado para cima de mim!

Mas, agora, pelo Poder Infinito em mim, em nome de Deus, eu ordeno que todo sentimento de culpa desapareça para sempre. Já perdoei o passado, não há mais culpa. Eu me perdoei, por isso Deus, que é em mim, também me perdoou. Evidente! Estendo as mãos ao mundo inteiro num gesto de paz e de amor.

Uma nova vida brilha em mim. Renasci. Todo renascer é límpido como a aurora. Esta é a minha Verdade. Eu sou como a luz do alvorecer. A suave magia da alvorada ilumina minha mente, meu corpo e meu coração.

Abençoo a mim, abençoo a cada pessoa do mundo, principalmente aquelas que motivaram meus sentimentos de culpa. Abençoo a natureza. Eis que agora estou em comunhão com o universo. E a paz infinita me envolve. Uma profunda alegria saltita dentro de mim. É o meu coração que está dançando a valsa da paz e do amor.

***

Mentalização. Relaxe. Feche os olhos. Respire profundamente várias vezes, concentrando-se no ato respiratório. Sinta-se em paz. Imagine sua mente límpida como a fonte cristalina das montanhas. Agradeça sua libertação e bem-estar.

4º Dia

Libertação dos medos

Pego um facho de Luz Divina e entro corajosamente dentro da caverna da mente, onde se escondem os monstrinhos dos medos. Que medos me perturbam? Medo de morrer? De ficar pobre? De doenças? De perder o Amor? De perder o emprego? De não serem reconhecidas as coisas boas que faço? Medo de injustiças? De prejuízos? Da solidão? De não pagar as dívidas? De assaltos? De dirigir carro ou de viajar? Da velhice? De ser enganado? Do Alzheimer? Medo de quê mais?

Neste estado de iluminação interior em que me encontro, vejo claramente os medos através do archote divino e percebo que não passam de sombras assustadoras na minha mente. Sombras, nada mais. Apenas sombras.

Onde há Luz não existe a sombra.

Como eu era atrasado quando me deixava levar pelas sombras desses monstros imaginários! Sombra não tem vida, não faz mal, não age, não tem poder. Apenas assusta.

Agora a Luz brilhou na minha mente e as sombras se dissiparam. Os medos se foram.

"Ninguém lançará mão de ti para te fazer mal". Esta é a verdade da bíblia, para minha tranquilidade. Porque Deus está em mim e eu e Deus, somos o Poder Infinito, a Rocha Inquebrantável, contra a qual nada e nem ninguém pode.

De dia e de noite sou protegido divinamente.

Em casa e fora de casa sou protegido divinamente.

Hoje, amanhã e sempre, sou protegido divinamente.

Nenhum mal chegará perto de mim.

Ah, como me sinto desafogado e livre!

Pareço alguém que foi tirado de um atolador.

Estou leve e liberto.

Que maravilha!

Que dia bendito este! Infinitamente bendito!

Descarreguei uma carga pesada, que tanto me perturbava.

Sou feliz, muito feliz!

***

Mentalização. Relaxe, feche os olhos, respire fundo diversas vezes, concentrando-se no ato respiratório. Visualize uma Luz poderosa em torno de si, repelindo toda sombra do mal e livrando-o dos perigos. Acredite na proteção e agradeça.

5º Dia

Libertação das preocupações

Neste amanhecer abençoado, agradeço a vida e prometo desligar-me das preocupações. Sei que as preocupações são caminho do estresse e este gera enfermidades. Sei também que preocupações são sofrimentos antecipados sobre aquilo que não aconteceu e, por isso, é perda de tempo e de saúde.

Ocupo-me serenamente do que desejo e preciso fazer, com a certeza de que o futuro é sempre a colheita do momento presente. É essa a razão sábia pela qual me ocupo do momento presente e não me preocupo negativamente com o futuro.

Hoje me desligo para sempre das preocupações. De agora em diante, este é meu sistema de vida.

Se sou eu que faço a vida, por que me preocupar? Simplesmente determino o que quero e sigo com fé por este caminho.

Agora entendo a profundidade da mensagem do Mestre: "Não vos preocupeis com o que haveis de comer e com o que haveis de vestir...Não vos preocupeis com o dia de amanhã...O dia de amanhã cuidará de si mesmo...Se, pois, vós, embora sendo maus, sabeis dar coisas boas aos vossos filhos, quanto mais vosso Pai que está nos céus dará coisas boas aos que lhas pedirem." (Mt.7,7-12)

Pelo que afirmou Jesus, a preocupação não faz sentido.

O Pai, que habita as profundezas do meu subconsciente, me dará tudo o que eu pedir, em qualquer tempo e lugar, portanto a preocupação não tem razão de ser.

Daqui para frente, vou ocupar-me dos assuntos de cada dia. Mas não vou me preocupar, isto é, não vou torturar a minha mente antes de agir, porque, assim, estarei gastando energias à toa. Reservo as energias para a hora de agir.

Estou sempre calmo e despreocupado.

O Pai, que está em mim, sempre me ouve e me atende – como ensinou o Mestre.

Por que me preocupar, então?

Liberto-me definitivamente de todas as preocupações. De todas. Mesmo daquelas cuja solução não a vejo diante de mim. Sei que para tudo há solução e sei que, se a minha mente consciente não encontra uma saída, minha mente subconsciente, em cujo interior está o Pai, tem a solução.

Assumo esta verdade com unhas e dentes.

"Pedi e recebereis" – esta é a minha Lei.

Daqui para frente sou o mais despreocupado ser deste mundo.

Todos admirarão a minha atitude mental calma, aliviada, agradável, desanuviada, límpida e confiante.

Levo comigo o grande segredo da despreocupação.

À noite, adormeço tranquilo, como um bem-aventurado, porque a minha mente está solta e despreocupada.

De manhã, acordo alegre e sorridente, porque a minha mente está límpida e despreocupada. Meu dia é despreocupado porque carrego dentro de mim a solução e o poder.

Que linda verdade descobri hoje!

Agora sim posso viver a vida plenamente. Plenamente.

***

Mentalização. Mesmo deitado na cama, relaxe, solte-se bem, feche os olhos, expire o ar imaginando que está exalando todas as energias negativas das preocupações e inspirando uma Luz benéfica que impregna todo seu ser. Visualize-se liberto, leve, saudável, confiante. Agradeça.

6º Dia

Libertação dos traumas

Comece a reflexão deste amanhecer dizendo para si:

"Agora aquieto a minha mente.

Sinto um suave torpor no meu corpo.

Deixo-me levar para dentro de mim mesmo.

Estou navegando lentamente pelas águas profundas do meu ser.

Navegando... Lentamente... Mais e mais...

Cada vez que o meu barco bate num obstáculo, é um trauma endurecido e envelhecido que existe dentro de mim...

Mesmo que as águas da vida cubram essas rochas, ainda assim, quando o meu barco passa, bate, sofre violento impacto, que vem repercutir na mente consciente.

Aproveito esta viagem mental para destruir, com a dinamite do Poder Divino, todas as rochas dos meus traumas, fixados no oceano do meu subconsciente.

Agora eliminei todos os traumas, bombardeando-os da minha nave existencial.

As águas estão limpas, sem escolhos, e posso navegar livremente, sem bloqueios e sem sofrimentos.

Minha vida agora é um lago sereno, límpido, iluminado.

Gravo em mim esta imagem verdadeira.

Eu sou, no meu verdadeiro eu, a perfeição divina.

Não sou mais o passado. Estourei e destruí as rochas negativas.

Meu subconsciente agora está límpido.

Recuso-me a aceitar qualquer sensação desconfortável, angustiante, porque o passado já não existe mais em mim.

Determino que só sensações e sentimentos positivos tenham lugar em mim.

Estou liberto. Liberto.

A voz poderosa do meu espírito declara: "Eu sou perfeito, sadio e poderoso. No meu coração só existem imagens de amor; na minha mente só existem imagens positivas; no meu corpo só existem imagens de saúde.

Sigo em frente com coragem, com decisão, com serenidade e com a força do vencedor".

***

Mentalização. Use a imagem da nave percorrendo o mar azul sereno da sua vida, navegue pelas águas do útero materno... da infância... da adolescência...da idade atual... e imagine-se bombardeando os traumas que surgirem na sua memória. Declare que você é segundo a parábola da criação do mundo: "Façamos este ser à Nossa imagem e semelhança". Guarde esta verdade.

7º Dia

Libertação dos problemas

Hoje eu me sinto liberto, sem medos, sem traumas, sem complexos e sem preocupações.

Agora, começo a analisar os meus problemas. Sempre penso e digo para os outros que estou cheio de problemas.

Coloco-me, neste momento, à distância dos meus problemas e começo a analisá-los: Onde estão eles? Em mim? Em casa? No emprego? No casamento? No relacionamento com os outros? Nos estudos? No corpo? Na situação financeira? No banco? Nas promissórias? Nas duplicatas? Na lavoura? Na criação de gado? No amor? Na vida social? Na religião? Nos familiares? Nos parentes? Na empresa?

Estão fora ou dentro de mim?

Se estão fora de mim, não há porque vivê-los dentro de mim. O que é de fora, fique fora.

Se estão dentro de mim, por que os atribuo aos outros, às situações, aos acontecimentos?

Noto agora que, se deixo de vê-los como problemas, mas apenas como acontecimentos, deixarão de ser problemas.

O problema, na verdade, é invenção da minha mente. Os acontecimentos só se tornam problemas porque eu determino que sejam.

Então, por que os crio? Para quê? Isso me ajuda em quê?

Em nada.

Só me perturbam, me atrapalham, me tiram a paz.

Daqui para frente, jogo fora todos os problemas. Todos. Demissão coletiva.

Não tenho e não terei mais nenhum problema.

O Poder Divino, que existe em mim, tornar-me-á benéfico e positivo cada ato e fato da minha vida. Até mesmo aquilo que pode ter o rótulo de prejudicial será transformado em percurso para o sucesso e para a minha autorrealização. Tenho certeza disso.

Tudo já está resolvido a meu favor, na justa e reta ordem divina.

Todas as coisas, mesmo as que num primeiro momento me pareçam complicadas e obscuras, me trazem benefícios e vantagens.

Estou em paz, aliviado e mais leve do que uma pluma.

Meu corpo também está se tornando leve, saudável, e o meu sangue está fluindo cheio de vitalidade.

Toda a sorte do mundo está comigo.
Sou uma pessoa feliz.
E sem problemas.
Sem problemas.

***

Mentalização. Relaxe, feche os olhos, respire profundamente algumas vezes. Visualize-se andando pelas ruas e, por toda parte, satisfeito, sereno, sorridente e... sem problemas.

8º Dia

Libertação dos nervosismos

Não são os nervos os culpados pelo meu nervosismo, mas minhas emoções descontroladas, meus pensamentos preocupados e meus sentimentos negativos.

Por que eu fico nervoso?

Quando desejo um mundo de coisas e não as tenho, fico nervoso; quando desejo ser de um jeito e não sou, fico nervoso; quando quero que os outros sejam de uma forma e não são, fico nervoso; quando tenho muita coisa a fazer e decido fazer tudo ao mesmo tempo, fico nervoso... Na verdade sou eu que estou gerando essas aflições na mente. Não são os nervos que estão me perturbando, sou eu que estou perturbando os nervos.

Mas, agora, percebo claramente que, se é a mente que produz o nervosismo, a mente cura o nervosismo.

Desejo que a calma e a paz estejam em mim.

Acredito que o Poder Divino tudo me alcança no tempo devido, por isso mantenho-me sempre calmo, confiante, positivo e despreocupado.

Sei que a terra – como dizia o Mestre – pertence aos calmos.

"Bem-aventurados os calmos, porque eles possuirão a terra."

Este é o meu dia de serenidade.

Proclamo a minha calma definitiva.

Pelo poder da palavra, determino: "Faça-se a calma em mim. Aqui. Agora. E sempre".

***

Mentalização. Ponha agora a mente, o corpo e o coração afetivo em repouso.

Respire profundamente e imagine que está se tornando mais e mais calmo.

Respire de novo e sinta que o ar quente dos pulmões está aliviando os seus nervos.

Sinta-se solto. Bem relaxado.

As tensões estão se afrouxando.

Concentre-se mais ainda na respiração.

Concentre-se agora no seu corpo: sinta as partes mais tensas e doídas e diga a si mesmo que está tudo bem.

Concentre-se no coração afetivo e imagine que está jogando fora todas as ansiedades, medos e aflições.

Agora se considere em paz, tranquilo. Alegre-se e agradeça.

9º Dia

Libertação da depressão

Ao despertar, agradeça a vida e tome uma poderosa e histórica decisão.

Diga-se: "Hoje me livro da depressão e da tristeza, que são produtos deteriorados, criados pela minha mente. A depressão não nasceu comigo, não faz parte do meu DNA e não aceito que fique morando na minha casa interior. Estou farto de tanto desânimo e tristeza.

Não estou infeliz e deprimido porque me aconteceram coisas tristes e sofridas e intoleráveis, mas porque continuo a mantê-las na mente, apesar de já fazerem parte do passado. Não é o fato que me deixa deprimido, mas o que eu penso sobre ele. Como sou dono dos pensamentos e livre para abandonar toda recordação negativa e prejudicial, daqui para frente só darei atenção ao dia de hoje, pois só existe o dia de hoje.

Se hoje estou alegre e, por exemplo, passo por

uma praia, então o mar, o sol, e as areias serão uma explosão de alegria para mim; se hoje, no entanto, estou deprimido e passo por uma praia, nesse caso o mar, o sol e as areias serão tristes, sem graça, melancólicos, como eu. Eu, portanto, crio a alegria do mundo, criando a minha alegria.

Porei sol na minha escuridão mental e a luz iluminará a minha vida.

Mergulho no oceano da alegria.

Sorrio para mim.

Sorrio para a vida e vejo que a vida está sorrindo para mim.

Minha alegria não depende de nada e de ninguém. Só de mim.

O reino dos céus está dentro de mim.

Daqui para frente, digo sempre para mim mesmo: Eu sou alegre. Muito alegre. Minha alegria está iluminando a minha mente, o meu rosto e todo o meu corpo. Alegria. Alegria. Sou feliz".

***

Mentalização. Relaxe. Feche os olhos. Inspire o ar imaginando que está se inundando de alegria; e expire imaginando que está jogando fora toda a bruma da tristeza e desânimo. Várias vezes. Visualize-se outra pessoa, mais alegre, maravilhosa, bem-humorada, feliz, cheia de energia positiva, e veja mentalmente seus familiares e amigos admirados e elogiando seu bom astral. Assim é e assim será.

10° Dia

Libertação dos erros do passado

Começo esta meditação muito contente pelo novo dia e desejoso de libertar-me de todos os erros, principalmente aqueles que estão espinhando meu coração.

Os erros cometidos, sejam eles de qualquer natureza, já são coisas do passado. Carregá-los na mente é como dar vida a um fantasma. E o pior é que minha mente pode fazer isso.

Toda vez que eu volto a pensar nos erros e a me amargurar por causa deles, eu os renovo e recrio.

Criar o mal na realidade física ou criá-lo na mente – que diferença faz?

Reconheço que chorando os erros e pecados não estarei fazendo algo de bom e de positivo. Estarei, isto sim, recriando-os mentalmente. Produzindo o mesmo estrago.

Este é o momento em que perdoo todos os meus erros e os demito definitivamente.

Perdoar significa demitir, mandar embora.

Arrepender-se significa mudança de ideia.

O verdadeiro arrependido é aquele que se perdoa, isto é, que demite, que manda embora seus erros e pecados.

Bastou ao bandido pregado na cruz, ao lado de Jesus, um sentimento bom, de pena, de humanidade, de fé, de amor, de carinho, e Jesus, no mesmo instante, sem inquirir sobre o passado, lhe disse: "Ainda hoje estarás comigo no paraíso".

É assim que eu penso.

Sou uma pessoa boa, alegre, sadia, límpida.

Tenho o reino dos céus dentro de mim.

Aconteceu-me o milagre da paz.

O sol está brilhando na minha mente.

Estou reconciliado comigo mesmo.

Este é o grande acontecimento da minha vida.

Alegria, alegria...porque eu estava perdido e fui reencontrado, estava morto e renasci.

Renasci.

***

Mentalização. Leia o texto a seguir, para situarse, depois relaxe, respire fundo várias vezes e mentalize uma imagem que signifique a libertação de todos os erros. Eles já aconteceram, nada mais têm a fazer em você, por isso imagine que está colocando todos eles numa fogueira e queimando-os. Depois, erga um brinde à vida e imagine-se liberto e feliz.

II ETAPA

LIBERTAÇÃO E ILUMINAÇÃO DO CORAÇÃO

10 DIAS

11º Dia

Inundo o meu coração vazio

Estou entrando com fé e amor na segunda etapa desta maravilhosa jornada de iluminação mental, emocional, espiritual e física.

Hoje eu olho para dentro do meu coração: está vazio, como um deserto árido. E isto me deixa desolado, perdido, ressequido interiormente. A vida me parece sem graça, fria, insossa.

Este é o drama do meu coração vazio. Reconheço.

Mas, agora, abro as portas e janelas do meu coração para que o sol da vida revitalize tudo.

Deixo que a energia positiva reverdeça o meu coração. Planto flores, as flores da alegria, da paz, da felicidade, da bondade, do bom entendimento.

Crio, no meio do meu coração, o lago límpido e dourado do amor, que dá um toque de beleza e encantamento à minha paisagem interior.

Vejo o meu coração cada vez mais lindo.

Sei que o que crio na mente – assim é.

Estou criando o paraíso no coração. Por isso, estou feliz.

Todos os dias passearei pelo jardim, entre as flores do coração, e me sentirei feliz.

Minha imaginação é força criadora.

Como eu imagino o coração – assim ele é.

Festejo, então, o meu próprio milagre.

Meu coração é lindo.

Todas as pessoas também veem assim o meu coração, porque as portas e janelas estão abertas.

Agora atraio amizades, me comunico alegremente com as pessoas, irradio energia amorosa e todos me veem com simpatia e empatia. Que bom!

Como a vida é maravilhosa!

Como o meu coração é maravilhoso!

Como eu sou maravilhoso!

***

Mentalização. Relaxe, feche os olhos, respire algumas vezes até acalmar a mente. Visualize seu coração afetivo tão lindo, prazeroso, feliz, e cheio de pessoas queridas, como você deseja.

12º Dia

Libertação da frieza do coração

Estou entrando no coração, mais uma vez, e sinto algo inusitado. Meu coração está frio. Sem energia. Sem emoção. Desinteressado. Duro. Insensível. Que está acontecendo? Não sinto o calor de um beijo, de um abraço; não me importo de arrancar e pisar uma flor, não quero ninguém por perto, não me pejo de xingar uma criança, de maltratar a um animal. Que coisa impressionante! De onde vem essa geleira? É horrível! Desumano!

Ah, era esse frio gélido que me fazia mal e impedia que as pessoas se aproximassem de mim! Mas eu não sou pessoa má, nem insensível, nem sem compaixão.

Neste momento, acendo a lareira do coração, aqueço meus sentimentos, ponho a lenha dos meus afetos na lareira para que o fogo do amor aqueça e ilumine todo meu ser.

Que calidez deliciosa!

Nunca havia sentido sensação tão agradável e tão gostosa!

A vida está se renovando em mim, porque calor é vida.

Agora sim as pessoas sentirão uma imensa vontade de se aproximarem de mim, porque o meu coração é aconchegante e as atrai.

Ah, como estou feliz!

É como se tivesse voado dos gelos polares para a região mais agradável, amena, bonita e cálida do mundo.

Bendito este dia, porque a vida renasceu no meu coração.

***

Mentalize seu coração aquecido por uma lareira misteriosa e você sentindo-se amável, carinhoso, sensível. Imagine as pessoas aconchegadas e felizes junto do você na lareira do coração.

13º Dia

Libertação da solidão

Mais um dia de vida. Mais um presente do Infinito. Mais um amanhecer na dimensão elevada do meu deserto místico.

Contemplo, hoje, a solidão que me deprime. Meu coração solitário. Não tenho amor na vida. Ninguém olha para mim. Vivo sozinho. Abandonado. No fundo do poço.

Agora acalmo a mente, relaxo e começo a meditar: o que é a solidão? É falta de pessoas? Neste caso, quem vive com outras pessoas não poderia ser solitário; quem é casado não sofreria de solidão; quem vive no meio da multidão de uma cidade não poderia ser solitário; e quem vive sozinho seria solitário. Há, porém, tanta gente sozinha que é feliz e há tanta gente no meio da multidão que é solitária.

Onde, então, reside a solidão? De que é ela feita?

Percebo que sofro de solidão quando não me sinto

bem na minha própria companhia, isto é, quando não gosto de mim.

Se eu me detesto, vivo na mais escura solidão.

Se gosto de mim, se me amo, se me quero bem, então não sou solitário.

Quando estou bem comigo mesmo, nesse caso me sinto muito bem na minha própria companhia - não sou solitário.

A partir de agora, quero gostar muito de mim. Olho-me no espelho da alma e afirmo sorridente que gosto muito de mim. Muito mesmo. Minha alma responde: "Eu também!"

A minha imaginação é o pincel de Deus.

Agora, que me vejo tal como eu quero ser, festejo em mim a pessoa alegre, agradável, bonita, feliz, inteligente, amorosa, comunicativa, atraente, calma, sorridente, que desejo ser.

Eu sou o que penso que sou.

Eu sou o que imagino que sou.

Como eu penso que sou esta pessoa maravilhosa, de coração lindo – eu sou. Está realizado o milagre em mim mesmo.

Como me imagino uma pessoa atraente, simpática e empática, assim sou eu.

Agora eu gosto de mim.

Onde quer que eu esteja, mesmo sozinho, me sinto em ótima companhia.

Hoje realizei a façanha de conseguir o melhor Amor para mim: eu mesmo.

Eu mesmo.

E como todo amor se expande, tal qual o calor, estou maravilhado de ver tanta gente agora gostando de mim.

Gostando tanto de mim.

Como eu gosto de mim.

***

Mentalização. Depois de relaxar, acalmar a mente e aprofundar-se nas dimensões interiores, imagine-se uma pessoa simpática, autoconfiante, amorosa, positiva, feliz, radiante e irradiante, agora cercado de amigas e amigos sinceros e maravilhosos.

14° Dia

Libertação do ódio

Neste décimo terceiro dia da minha caminhada em busca da saúde e da iluminação, quero eliminar uma força destruidora, que existe em mim: o ódio.

Reconheço que toda a ação mental ou física de devastação sempre destrói a mim em primeiro lugar.

É a Lei do Retorno.

Descubro agora que o meu ódio nunca me trouxe vantagem de espécie alguma e nunca me trará, porque ódio produz ódio, ao passo que só o amor produz amor.

Eu colho o que semeio. Se semeio tempestades, colho escombros.

Se eu tivesse meditado sobre as consequências do ódio, há muito tempo teria deixado de odiar.

Agora entendo porque Jesus disse aos seus algozes, na cruz: “Pai, perdoai-lhes porque não sabem o que fazem”. Só odeia quem não sabe o que faz, quem desconhece que o ódio perturba a mente, polui o coração e gera doenças físicas.

Quem descobre que o ódio sempre retorna a quem odeia, nunca odiará.

Quem descobre que o amor sempre retorna a quem ama, sempre amará. Até mesmo aos seus inimigos, como recomendava sabiamente o Mestre.

Perdoo agora ao meu coração pelo ódio que produziu, trazendo-me tantos resultados nefastos.

Sinto-me, neste instante, mais alegre do que nunca, porque o meu coração está entrando no mundo maravilhoso do amor.

Amor. Amor. Amor. Só amor.

Meu coração me ama. Eu amo meu coração.

Meu coração está engrandecido: ama agora a todas as pessoas, até mesmo aquelas que, doentes mentalmente, ou desconhecedoras dos efeitos do ódio, pretendem me odiar. Mas, ninguém mais conseguirá instilar o veneno do ódio em mim, porque eu sou amor. Amor é luz e a luz domina e apaga as trevas.

Estou imunizado, porque um círculo de amor infinito, brilhando em mim na mais elevada radiação, impede e destrói qualquer raio de ódio.

Hoje progredi muito na senda espiritual.

Sinto-me liberto, de mãos abertas para todos, de sorriso sincero para todos, de compreensão voltada para todos.

Sejam os outros como forem, eu vivo cheio de amor, em paz, oferecendo a tenda benfazeja do meu coração a todas as pessoas. Porque todos são parte de mim.

Todo o amor que eu dou, retorna a mim. Retorna a mim.

Meu coração é agora um oceano de amor em maré enchente.

Sim, em maré enchente...

***

Mentalização. Relaxe, feche os olhos, respire profundamente algumas vezes e sinta-se uno consigo mesmo, com a humanidade, com o universo e com Deus. Imagine-se um sol doirado de amor, irradiando luz, complacência e compaixão para todas as pessoas.

15º Dia

Libertação das frustrações amorosas

Nesta manhã abençoada, acordo com o olhar voltado para as maravilhas que estão acontecendo em mim, desde que comecei este deserto místico.

Agora elevo a minha mente... Aquieto o meu coração... Tranquilizo meu corpo.

Deixo que a paz infinita me envolva...

Começo a caminhar pela senda do meu coração. Está bonito, florido, mas há manchas que precisam ser lavadas. São as frustrações amorosas. Estou deixando incrustadas no coração as decepções no amor. Tentei amar de verdade, com paixão até, e me desiludiram. Procurei ser sincero(a), e recebi mentiras. Dei tudo de mim, assim mesmo me deixaram. Que decepção!

Olho para o meu coração e sinto manchas e pedras machucarem meus pés. Preciso lavar as manchas bolorentas e tirar essas pedras do caminho para que não me firam mais. São as mágoas que me causaram pessoas que amei; mágoas profundas, tão difíceis de esquecer.

Não sei se já perdoei ou não. Está bem, já perdoei, mas, na verdade, não esqueci. Cada vez que me vêm à mente, reabro a ferida. E isso não me deixa em paz.

Preciso de uma solução.

Solução? Estou pensando o seguinte: se eu não estou magoado com meu estômago porque há dois anos me deu uma dor muito forte, por que estaria eu continuando a reclamar de uma dor sentimental que me ocorreu há tanto tempo?

Não será idiotice ficar magoado e frustrado com algo que já faz parte do passado?

Na verdade, quem está me magoando agora sou eu e não alguma pessoa.

Pensando bem, sei que devo jogar fora para sempre todas as frustrações. Não passam de alfinetes desnecessários que só espinham o meu coração. Jogo fora uma por uma...

Também aquela que mais me doeu? Dessa pessoa que não podia ter feito isso para mim?

Também... porque agora sou eu que estou me maltratando e não mais essa pessoa.

Perdoo a mim mesmo, perdoo essa pessoa e todas as demais.

A vida é minha, sou eu que a faço e ninguém pode me perturbar, se eu não der poder.

Não dou poder negativo a ninguém.

Ah, que alívio!

Daqui para frente faço o bem pelo prazer que me dá, sem me preocupar com retribuição, pois sei que existe um Poder Infinito que me retribui multiplicadamente.

De fato, pela Lei do Retorno, todo o bem que eu faço e todo o amor que eu dou, retorna sempre a mim multiplicado, quer a pessoa beneficiada seja grata ou não. O Pagador Oficial nunca falha.

Meu coração agora está desoprimido e feliz.

Sinto o meu coração tão leve...Tão leve!

***

Mentalização. Depois de relaxar, fechar os olhos, e respirar várias vezes para acalmar a mente, visualize seu coração sem manchas, sem pedras, iluminado e cheio de amor. Seu coração afetivo se transforma conforme sua imaginação. Essa é a grande bênção da vida. Forme um quadro mental com detalhes. Alegre-se e agradeça.

16° Dia

Libertação do desamor

Neste dia, penetro novamente as dimensões lindas do meu coração.

Sei que a Presença Infinita se manifesta de maneira esplendorosa quando eu tiver todos os canais interiores desobstruídos. Por isso, agora prossigo a caminhada pelo interior do coração. Percebo que há algo destoando. São nuvens carregadas de desamor. Não me fazem bem, quero livrar-me desse mal. Por que será que, às vezes, não amo as pessoas? Por que será que, em certos momentos, sinto desamor até mesmo pela natureza?... Pareço uma pessoa fria, impassível, diante de um ser humano, uma criança, uma flor, um pássaro, um lago, uma montanha majestosa... Isso não é bom, porque me afasta da energia cósmica e me isola da comunhão universal.

Agora quero entrar em sintonia de amor com todo o universo.

Toda vez que olho carinhosamente uma flor, uma árvore, um arbusto, prometo entrar em comunhão de amor...

Toda vez que vejo um animal, com sentimentos afetuosos, torno-me uma oração de harmonia universal...

Toda vez que vejo uma criatura humana, sinto em mim a prece da fraternidade...

Estou aprendendo que não posso deixar de amar qualquer pessoa sem deixar de amar a mim mesmo, pois todas as criaturas humanas são parte de mim e formam comigo o grande concerto cósmico.

Em mim está a Fonte do Amor e eu nunca mais turvarei esta Fonte dourada.

Eu sou amor.

O universo é amor.

Deus é amor.

Eu sou o grande universo do amor.

O grande universo do amor!

***

Mentalize um sol dourado de amor inundando seu coração e sinta-se radiante e irradiante, inundado de vibrações cósmicas e infinitas.

17º Dia

Libertação dos problemas sexuais

Aprofundo-me, hoje, mais ainda pelas veredas do meu coração...

Mergulho mais e mais nesse mundo feito de amor e felicidade...

Para acender em mim a iluminação mental e tornar o meu corpo saudável e cheio de energias físicas, preciso abrir todos os canais vitais que se encontram obstruídos...

Hoje quero me reportar a uma das mais fantásticas maravilhas de Deus: o sexo, energia vital, princípio da vida humana.

Sexo... maravilhoso dom de Deus!

Sexo... obra genial do Criador!

Sexo... manifestação da Inteligência Infinita!

Diante desta verdade, descubro agora que minhas perturbações, complexos, traumas e tabus não são verdades, mas crenças equivocadas.

O mundo natural é o mundo de Deus. E tudo o que Deus criou é bom.

Limpo a minha mente de todos os pensamentos e sentimentos negativos sobre sexo.

Limpo da minha mente toda maldade.

Qualquer parte do meu corpo é obra de arte divina e os meus órgãos sexuais são tão lindos, saudáveis e divinos quanto os meus olhos, os meus lábios, as minhas mãos, o meu rosto...

Elevo, neste instante, a minha mente até o Criador e contemplo extasiado as maravilhas da Criação.

Deus, depois de criar o mundo e o homem, no sétimo dia descansou e viu que tudo era bom. Que tudo era bom. Que tudo era bom.

Eu também vejo que tudo que Deus fez é bom e maravilhoso. Não tenho mais traumas, nem neuroses, nem tabus, nem medos, nem complexos. Tudo que Deus fez é bom.

Meu coração está límpido, saudável, sem preconceitos.

Sempre que ouvir a palavra sexo, ao invés de ficar constrangido, lembrarei o mundo maravilhoso e bom criado por Deus.

Estou liberto de imagens e pensamentos perturbadores.

Sinto-me sereno e em paz.
O mundo de Deus é bom.
É bom. Muito bom.

***

Mentalização. Relaxe, feche os olhos, respire profundamente algumas vezes. Visualize a dimensão grandiosa, linda, prazerosa, feliz, harmoniosa do seu ser pleno. Imagine a grandeza da sua origem, resultado da comunhão física, mental, emocional e espiritual entre dois seres em estado pleno prazeroso. Imagine a humanidade, milhões de pessoas maravilhosas, nascidas com dons especiais e ideais benfazejos à humanidade. E agradeça a bondade do Infinito.

18º Dia

Libertação do medo de perder o Amor

Hoje continuo a percorrer o aconchego ensolarado e encantador do coração...

Sinto meu coração cheio de amor por alguém. Estou amando, mas tenho medo de perder esse Amor, que é minha vida, minha alma, minha razão de viver. Amo demais, mas estou agoniado, como se tudo estivesse fadado a se romper de um momento para outro. Fico com medo, ansioso, com ímpetos irresistíveis de fiscalizar esse alguém, querer saber onde está, o que faz, por que chega algum dia mais tarde, o que é aquela mancha na camisa, de quem é aquele cabelo loiro no casaco, o que significa aquela frase atrapalhada, aquela desculpa esfarrapada...

Isso não é vida! Tudo se torna cada vez mais irritante e insuportável de parte a parte.

Já percebo que estou sufocando o Amor e quanto mais eu temo perdê-lo, mais vertiginosamente passa a acontecer. O medo atrai. A desconfiança atrai. Estou atraindo o que mais temo. Preciso mudar de atitude imediatamente. Agora mesmo. Justamente neste dia do meu deserto místico. Não posso ignorar esse aviso.

Só o amor atrai o amor, o resto afasta. Reconheço. Assim quero que seja. Resistirei bravamente a todo impulso fiscalizador. Sou dono de mim. Expulso definitivamente os medos, as desconfianças, os ímpetos negativos. Não servem para nada e só estragam o que mais quero. Fora com eles! Não é fácil? Claro que é fácil! Quem manda em mim e nas minhas atitudes sou eu e o que determino a mim, é uma ordem definitiva.

Deixo que a paz me envolva mais e mais...

Deixo que o amor me ilumine mais e mais.

Deixo que a confiança me domine mais e mais.

Deixo que alegria da vida a dois me fascine mais e mais.

Deixo que a liberdade se entranhe em mim mais e mais. Vivo e deixarei meu companheiro(a) viver. Amor sem liberdade não existe. São duas faces da mesma realidade.

Daqui para frente, busco a segurança em mim mesmo.

Meu coração está cheio de amor e o amor é o ímã mais forte e poderoso do universo. O ímã do amor atrai e segura.

Se o meu ímã não perder a sua força, nunca deixará de atrair. Por isso, agora me sinto em paz e liberto.

***

Mentalização. Feche os olhos, relaxe e sinta-se calmo, respirando profundamente várias vezes. Agora imagine-se vivendo no dia a dia essa nova atitude e seu Amor imensamente contente, porque reina paz, bom entendimento, liberdade, alegria e descontração, nessa união.

19° Dia

Libertação dos complexos do coração

Agora descanso neste oásis do meu deserto mental e místico.

Chego, mais uma vez, ao universo fascinante do meu coração afetivo.

Neste dia, jogo um facho intenso de luz para dentro do coração a fim de perceber nitidamente quais são os complexos que me perturbam.

Às vezes penso que os outros têm mais sorte no amor do que eu. Não raro, me sinto uma pessoa feia, menos atraente, desastrada quando manifesto meus sentimentos amorosos. Sou desconfiado, porque tive decepções. Acho que as pessoas querem apenas se aproveitar de mim. Fico sempre em guarda, tenho medo de aproximações... E mais o quê?

Nessa meditação estou decidido a mudar de crenças e atitudes, pois percebo que tudo isso é negativo, não passa de complexo fixado na mente subconsciente.

Não posso perder o melhor da vida por causa de complexos, preconceitos, experiências frustrantes, traumas de adolescência...

Fora com esses perturbadores da minha felicidade e da minha autorrealização!

Eu sou uma pessoa especial, única no universo, obra-prima do Criador, cheia de qualidades. Sou atraente, tenho fascínio pessoal, diferente das outras pessoas.

Respeito e admiro todos os indivíduos, mas acredito nos meus valores.

Vejo muita gente elogiada pela beleza, mas eu tenho a minha beleza própria, única, inimitável.

Vejo muitas pessoas atraentes, mas meu corpo, rosto, mãos, gestos, olhos, cabelos, têm vibração especial, que existe somente em mim, e essa vibração está sincronizada em pessoas e circunstâncias da mesma elevação energética.

Sou atraente também porque sou um ser positivo, otimista, sorridente, cativante, de bom astral.

Eu gosto de mim e cada dia melhoro mais e mais minha performance pessoal.

***

Mentalização. Imagine-se uma pessoa linda, maravilhosa, atraente, simpática, especial, diferente, cativante, feliz, sorridente, desejada.

Lembre o que disse o grande sábio Salomão: "Assim como imaginou na sua alma, assim é".

20° Dia

Dia do perdão

Este é o encerramento abençoado dos dez dias inesquecíveis em que percorri o mundo maravilhoso do meu coração. É um dia muito importante para mim, por isso deixo que uma suave névoa reconfortante de paz desça sobre o meu coração.

Estou sereno... Muito sereno... Feliz...

Abro de par em par o meu coração.

O sol bate em cheio. Todos os recônditos iluminados e deliciosamente aquecidos.

A chave de ouro deste deserto místico do meu coração é o perdão. Sim, o perdão, pois ele realiza o milagre do amor total, da iluminação, da libertação.

A claridade me permite perceber ainda algumas marcas de feridas: são as pessoas que machucaram e ofenderam o meu coração. Fizeram-me sofrer tanto, que não consegui perdoá-las.

Ah, como sofri, quando me magoaram e me prejudicaram! Meu coração sangrou...

Como posso perdoar?

Lembro agora, no entanto, a figura sábia e magnânima do Mestre, respondendo àqueles que, já antes de mim, tinham o mesmo problema: "Perdoe não só sete vezes, mas setenta vezes sete."

Setenta vezes sete, quatrocentas e noventa vezes.

Puxa vida, para mim é só um, dois, ou três perdões apenas, que não quero dar. Tão pouquinho!

Por que não perdoar?

Se eu não perdoo, o prejudicado sou eu, pois cada vez que nego o perdão, reabro a ferida e ela continuará sangrando. Prosseguirá inflamando, até que eu resolva curá-la definitivamente com a pomada do perdão.

Vejo agora claramente que já não é mais o outro que está me magoando, mas sou eu mesmo que estou me magoando cada vez que relembro o problema, a desilusão, a ofensa, o menosprezo, a desconsideração, a falta de reconhecimento pelo bem que fiz.

Sou eu e não outro o causador dessas feridas. Tanto é verdade que, se o outro me pede perdão e eu não perdoo, minha ferida continua supurando.

Só eu posso sarar as feridas do meu coração. Elas só existem porque as reabro todos os dias.

Não sou masoquista para provocar-me sofrimentos, por isso é lógico que agora quero perdoar a tudo e a todos. Estou decidido. Assim como eu posso errar, admito que os outros também possam, por isso perdoo tranquilamente.

Quero curar, neste instante, todos os males do meu coração, com a pomada do perdão.

Só quero a minha saúde sentimental, mental, espiritual e física, por isso me perdoo e perdoo a todos. Renovo e reforço o perdão que me dei dias atrás.

Sim, perdoo principalmente a mim pelo mal que causei ao meu coração.

Perdoo aos outros. Todos.

Atendendo ao meu desejo, sei que o meu coração logo obedece e perdoa, tanto que, a partir deste momento, todas as feridas estão sanadas.

Já não sinto dor, nem sofrimento, nem mal-estar no meu íntimo.

Sinto, isto sim, um grande alívio, uma sensação suave de paz e uma doce emoção de amor e ternura.

Como está lindo e saudável o meu coração! Todo iluminado.

Bem-aventurado este dia, porque um grande milagre me aconteceu!

Meu coração está esplendoroso.

Completamente curado. E feliz.

***

Mentalize seu coração totalmente iluminado, sem nenhuma sombra.

Abrace mentalmente todas as pessoas antes afastadas, e veja, acima de tudo, o Deus que habita oíntimo delas. Abrace a si mesmo, a humanidade, o universo, e Deus. E sinta o encanto do amor e da vida!

Agradeça.

III ETAPA

SAÚDE DO CORPO

10 DIAS

21º Dia

Eu sou o meu corpo

Estou entrando, com muita alegria e paz, nesta terceira etapa do meu deserto místico.

Nesta fase, de dez dias, limparei o meu corpo de toda doença, porque a enfermidade me impede de me expressar plenamente na vida. Mais do que isso, tornarei meu corpo saudável, harmonioso, revitalizado.

Eu sou o meu corpo. Se eu deteriorar o meu corpo, onde é que eu vou morar? Além de tudo, meu corpo é meu cartão de visita. Não vou querer ser péssimo, desleixado e mal-visto pelas pessoas.

Meu corpo é a forma pela qual me manifesto no mundo físico. Se não cuido do corpo, estarei destoando da harmonia cósmica. Minha presença neste universo benfazejo deve ser positiva, benéfica, iluminada.

Meu corpo é a maravilha das maravilhas: forte e ao mesmo tempo delicado; simples e também complexo; tolerante, mas também exigente; originalmente bonito, elegante e harmonioso, mas não resiste a constantes agressões; feito para manter-se jovem, vitalizado, energético, mas sujeito a desmantelar-se pelos abusos físicos, mentais e emocionais.

Se o meu corpo está doente, todo meu ser está doente; ou melhor, porque minha mente e coração estão doentes, meu corpo torna-se doente.

A mente, as emoções, os pensamentos e sentimentos estão em todas as células do corpo, já que a vida dele é a mente.

Mente positiva – corpo positivo.
Mente negativa – corpo oprimido.

Mente alegre – corpo vigoroso.
Mente triste – corpo combalido.

Mente feliz – corpo jovem e harmonioso.
Mente infeliz – corpo enfraquecido.

Desde já, nesta primeira meditação sobre o meu corpo, faço uma declaração de amor a ele, agradecendo por me manter vivo neste mundo, por me permitir olhar, abraçar, trabalhar, falar, ser conhecido, amar, ser amado, ter prazer, desfrutar as belezas deste planeta, cantar, louvar, criar, caminhar.

Sei que a vida do corpo é fundamental nesta dimensão e sei que a minha mente é essencial para a vida do corpo. É por isso que já preparei a mente para fortalecer a saúde física. Mente–corpo – dueto inseparável, afetando-se mutuamente.

Neste primeiro dia, contemplo com carinho e amor o meu corpo.

***

Mentalização. Relaxe, feche os olhos, respire profundamente várias vezes, imaginando que está expelindo todas as impurezas do corpo e trazendo para dentro o ar puro da vida. Visualize seu corpo como era, como é agora, e como quer que seja daqui para frente. Mantenha essa imagem amorosa e positiva. Agradeça seu corpo por ser seu companheiro insubstituível, abençoe-o, e faça-lhe uma declaração de amor.

22° Dia

A cura do corpo

Neste segundo dia dedicado ao corpo, contemplo-o maravilhado. Que universo incomensurável, harmonioso, complexo!

Descobri que o corpo é a resposta da mente. Mens sana in córpore sano – diziam os antigos. Mente sadia - corpo sadio.

Tenho dificuldade de acreditar que fui eu que criei minhas enfermidades. Mas a Lei de causa e efeito me assegura que sim. Enfermidade é efeito. Todo efeito deve ter uma causa. Se o efeito está em mim, a causa sou eu.

Encaro a doença e a dor como gestos amorosos do corpo, que me avisam cada vez mais intensamente de que há alguma coisa errada em mim, que é preciso mudar.

Examino-me serenamente, em busca da causa dos

estragos existentes no meu corpo. O médico pode me ajudar. A psicologia pode me ajudar. A sabedoria infinita existente em mim pode me ajudar a discernir o mal.

Obrigado, meu corpo querido, por esta informação tão necessária a fim de que eu recomponha a saúde e reencontre a harmonia que me deixa em paz e feliz.

É assim que vou retornar à minha verdadeira realidade de pessoa saudável, bem-disposta e positiva.

Agora faço uma aliança de amor e de harmonia com o meu corpo.

A doença é uma máscara, da qual me liberto desde já. Retiro essa máscara que ocultava a minha verdadeira imagem e vejo-me perfeito, sadio, forte e cheio de vida, como Deus me criou.

Novas energias percorrem todo o meu ser, porque a Força Divina já está se manifestando em mim e eu estou me aproximando da minha verdadeira imagem física, traçada originariamente pelo Criador, com absoluta perfeição e com a mais sofisticada arte.

Eu sou perfeito porque, na minha mente, vejome perfeito. Minha mente criou o corpo, como também as modificações negativas do corpo. Minha mente, agora, está recriando o meu corpo e colocando-o no seu legítimo padrão original.

Contemplo com alegria e entusiasmo meu corpo perfeito. Sim, meu corpo perfeito. Perfeito.

***

Mentalização. Relaxe. Respire fundo várias vezes. Concentre-se no seu corpo. Ilumine-o mentalmente. Localize a enfermidade e as dores. Converse amorosamente com esses órgãos, faça uma declaração de amor, perdoe o passado, e visualize os órgãos funcionando na justa e reta ordem divina. Mantenha essa imagem firme e forte na sua mente e o corpo obedecerá.

23º Dia

Desfazendo crenças negativas

Neste amanhecer abençoado, volto-me para o meu corpo, decidido a eliminar tudo que possa perturbá-lo.

Hoje quero extirpar da minha mente alguns equívocos, que impedem a minha cura física.

O primeiro equívoco é a crença de que Deus me mandou a doença. Deus é meu Pai. Nenhum pai desejará doenças para o filho, muito menos o Pai Celestial, que me criou por amor e feliz, para viver saudável neste lindo paraíso.

"Se, pois, vós, sendo maus, sabeis dar coisas boas aos vossos filhos, quanto mais vosso Pai que está nos céus dará coisas boas aos que lhas pedirem." (Mt.7,7-12). O Pai Celestial está no meu íntimo e sempre dá coisas boas – segundo o Mestre. O problema é quando uso prejudicialmente minha liberdade.

Nem as pessoas que dizem que é Deus quem manda enfermidades acreditam nisso, pois, se acreditassem, não iriam a médico e nem fariam tratamento algum, pois pertenceria a Deus retirar a enfermidade quando lhe aprouvesse.

Percebi a contradição.

Os meus erros e maldades não ofendem a Deus, porque, se Deus pudesse ser ofendido, não seria Deus.

Também não aceito a crença de que a doença é castigo de Deus, até porque Deus não castiga ninguém. Aqui funciona a Lei de que cada qual colhe o que semeia. Só isso.

Outra crença inverossímil é que a doença vem e vai aleatoriamente. Nada acontece por acaso. A Lei de causa e efeito é Lei universal, infalível, sempre se autocumpre.

Para curar a enfermidade: mude a causa e mudará o efeito.

Aceito que fui eu que criei meu mal-estar e aceito que sou eu que agora desfaço esse mal. Meu corpo não passa de vítima.

***

Mentalização. Relaxe. Feche os olhos. Respire calmamente algumas vezes e sinta-se em contato íntimo com o corpo.

Apague as crenças negativas.

Visualize você, o universo e Deus como uma unidade harmoniosa, movidos pela mesma vibração energética e que essa energia agora está processando a regeneração do seu corpo.

24° Dia

Deus não castiga

Neste vigésimo quarto dia de deserto místico, quero solidificar a crença de que realmente Deus não castiga ninguém. Ontem já pensei nisso.

É muito importante essa convicção, porque, se acreditar que Deus castiga, acreditarei que nada posso contra a determinação divina e então não tenho poder de desfazer-me de uma doença que estaria sob o tacão do Poderoso.

Se acredito que devo suportar as doenças como castigo punitivo de Deus, estou, com isso, fechando os canais da cura. Meu ser todo clama pela saúde, mas a minha mente proclama a doença, porque a entende como ação divina punitiva dos meus males.

Já que estou no campo da religião, faço esta análise: se as doenças fossem castigo de Deus, teria havido contradição e conflito entre Deus, que teria mandado a lepra, a cegueira, a mudez, a paralisia, e Jesus, que, pelo poder desse mesmo Deus, curou essas mesmas doenças, e tantas outras.

Será que o meu pecado irrita, entristece e modifica algo em Deus?

Se isso fosse possível, Deus não poderia ser feliz, por causa dos males da humanidade. Consequentemente, não seria Deus.

Na verdade, o meu erro jamais atinge Deus. Seria até pretensão...

Minha ignorância, meu erro, meu negativismo, minhas tropelias, atingem a mim mesmo, pela simples razão de que toda ação produz uma reação. Esta é a Lei do Retorno.

Minha doença não é castigo, mas é o resultado da minha ação negativa.

Minha mente positiva produz frutos positivos em mim; minha mente negativa produz resultados negativos em mim. Eis aqui a causa das doenças. Tudo simples como o amanhecer, tudo claro como a luz do sol.

***

Mentalização. Relaxe. Feche os olhos, (depois de ler este texto), e respire tranquilamente várias vezes.

Aprofunde a meditação de hoje. Imagine Deus criador do universo e de todos os seres. Veja-o como o supremo bem, o supremo amor, a suprema perfeição, a suprema bondade, a suprema misericórdia. Agora olhe para si como autor de sua vida, responsável por seus atos, e, pelo seu poder, recrie o corpo saudável.

25º Dia

Eliminando o mal pela raiz

Continuo, neste dia, a caminhar pela senda da saúde física.

Estou mergulhando mais e mais para dentro da imensidão do meu ser.

A complexidade começa a se desfazer e tudo está se tornando simples.

Ponho-me a meditar:

Se a vida do corpo é a mente – o que é uma verdade porque, ao se retirar a mente do corpo este se deteriora, como acontece pela morte - concluo que tanto a saúde quanto a doença se manifestam através da mente. Esta age e o corpo reage de acordo.

Conheço alguns exemplos que me confirmam essa verdade: noto que a minha raiva produz alterações no meu corpo; verifico que as minhas mágoas produzem profundo mal-estar físico; sinto que os medos se traduzem em tensões físicas; observo que as preocupações criam úlceras, hipertensão, enfarte e outras doenças; vejo que o conflito entre os meus desejos e a realidade estressam os nervos; observo que pensamentos angustiantes me apertam a garganta e produzem males fisiológicos; descubro que o ódio agride o coração; assim por diante, por diante, por diante...

Não é sem razão que se diz que as doenças são provocadas por pensamentos negativos, desejos negativos, crenças negativas, imaginações negativas, hábitos negativos, e pela influência de ambientes negativos.

Imagino uma floresta verdejante, bonita, florida, exuberante, em dia de sol. É uma floresta saudável. Agora imagino esta floresta açoitada por violenta ventania: árvores caindo, flores se despedaçando, troncos rachando, a terra se abrindo, raízes se deslocando, enfim uma calamidade geral. Meu corpo é a mais linda e perfeita floresta, se assim posso comparar. Mas, esta floresta maravilhosa se torna uma catástrofe quando açoitada permanentemente pelos ventos impetuosos dos meus pensamentos negativos.

Os problemas, as preocupações, as ofensas, as mágoas, o ódio, a raiva, os medos, os ciúmes, as invejas, não passam de reações minhas a fatores externos. São apenas julgamentos meus a respeito de situações exteriores. Meu equívoco é colocar dentro de mim o que está lá fora. O que é de fora, fique fora. Dentro de mim há de reinar a paz, a autoconfiança, a proteção, o amor, a fé, a certeza de que sou eu, apenas eu, que faço a minha vida. O problema, a ação e reação dos outros, pertencem aos outros e não a mim.

Sou positivo, positivo, positivo.

Sou alegre, otimista, calmo, bondoso, feliz, seguro de mim, corajoso, bem-sucedido. E positivo, positivo, positivo.

Eu sinto, desde já, este fluxo vital.

Como estou me sentindo bem!

***

Mentalização. Relaxe. Respire profundamente várias vezes. Feche os olhos e vasculhe sua mente e seu coração afetivo à caça das fixações negativas. Imagine que está reunindo todos os males num único monte, e então ponha fogo mentalmente. Sinta-se liberto e viva a vida sem essas causas deletérias. Com muita saúde.

Isto é saúde. Celebre sua saúde.

26º Dia

Sangue saudável

Hoje me volto, novamente, para o meu corpo. Ele é a minha expressão exterior, é a minha identificação no universo, por isso desejo que ele seja saudável, vigoroso, contribuindo para a harmonia universal.

Começo agora a percorrer a corrente vital que energiza todo o meu corpo através do meu sangue.

"Eu te abençoo, sangue da vida!

Eu te ilumino, sangue benfazejo!

Eu te filtro e purifico, sangue vital!"

Sei que a vitalidade do meu sangue é a vitalidade do meu corpo.

Revitalizo e fortaleço minha medula óssea vermelha para que produza sangue vigoroso, puro, e mantenha a saúde do meu organismo.

Abençoo os Glóbulos Brancos para que defendam com galhardia e heroísmo o meu corpo. Abençoo os Glóbulos Vermelhos e as Plaquetas para que cumpram com perfeição sua função sanguínea, gerando saúde e vigor ao organismo.

Meu sangue saudável é o fluxo da minha energia vital, e agora, por onde passar, há de ser o benfazejo portador da limpeza, da cura, da vida e da harmonia.

"Sangue abençoado, canal da Vida Infinita no meu corpo, és forte, és puro, és saudável, és energia, és poder!

Sangue abençoado, és o rio divino que banha o paraíso terrestre do meu corpo.

Sangue abençoado, és a corrente vital que carrega para o meu corpo todas as energias benéficas do universo!

Sangue abençoado, és o milagre renovador da minha vida física!"

***

Mentalização. Relaxe. Feche os olhos. Respire calma e profundamente, concentrando-se no ato respiratório. Visualize um sol misterioso de poderosa energia vital iluminando o sangue e limpando as veias e artérias. Ao conseguir essa imagem, visualize todos os órgãos recebendo esse sangue iluminado e regenerando-se. Agradeça.

27º Dia

Órgãos perfeitos

Nesta manhã alegre, sigo com ânimo a caminhada pelo deserto místico.

Começo agora uma emocionante aventura: vou percorrer todos os meus órgãos.

Se algum órgão estiver doente, tratarei de curá-lo agora mesmo, para que também nele eu possa ver a fantástica engenharia do Infinito.

Se eu não acreditasse na existência de Deus, bastaria contemplar a extraordinária harmonia, energia e inteligência, que existem nos cerca de cem bilhões de células que formam o universo estupendo do meu cérebro...

Meus órgãos são a própria expressão da mais alta Sabedoria.

O Criador os fez perfeitos, por isso os deseja perfeitos, funcionando na justa e reta ordem divina.

Atraio agora um imenso jato de Luz Infinita, que jorra de Deus e do universo sobre cada órgão do meu corpo...

Peço perdão aos órgãos doentes pelas violências que pratiquei contra eles. Também perdoo a cada órgão enfermo por ter-se desviado da sua verdadeira órbita, me prejudicando.

Agora abro todos os canais para que a Luz Infinita Curadora jorre sobre cada órgão do meu corpo: o cérebro... os olhos... os ouvidos... o rosto... o nariz... a boca... as orelhas... a língua... os dentes... as gengivas... a garganta... o pescoço... os pulmões... o coração... o estômago... o duodeno... o fígado... os rins... o baço... o pâncreas... a uretra... o ureter... a próstata... a bexiga... a vesícula... o esôfago... os intestinos... a coluna vertebral... os seios... os ovários... as trompas... o útero... os órgãos sexuais e genitais... os quadris... as coxas... os joelhos... as pernas... os pés... as costas... os ombros... os braços... as mãos... as glândulas... os ossos... os nervos... os músculos... a pele... o sangue...

A partir deste instante, contemplo a perfeição divina no corpo.

Minha saúde é perfeita.

Meus órgãos funcionam maravilhosamente bem.

Estou feliz!

Abençoo todos os órgãos e entro em comunhão de saúde, alegria e vitalidade com cada um deles.

Todos os órgãos são agora uma família unida e de perfeito entendimento.

Obrigado. Obrigado!

***

Mentalização. Relaxe. Feche os olhos. Respire profundamente várias vezes, imaginando que a energia da Vida impregna todos os órgãos ao inspirar e as impurezas do corpo são lançadas para fora ao expirar.

Visualize agora uma Luz curadora infinita e cósmica jorrando sobre seu corpo e iluminando todos os órgãos.

Concentre-se nos órgãos mais necessitados e visualize a Luz curadora infinita jorrando sobre cada órgão, refazendo, regenerando, curando.

(Permaneça três minutos, pelo menos, em irradiação e visualização).

Agradeça. Abra os olhos.

Mesmo fazendo tratamentos, tomando remédios, mantenha essa verdade interna.

28° Dia

Ossos perfeitos

Neste dia, dedico-me ainda à saúde física.

O corpo está perfeito. O sangue flui revitalizado. Os órgãos funcionam na justa e reta ordem divina.

Agora lanço um olhar carinhoso e agradecido aos meus ossos, essa estrutura maravilhosa e eficiente que sustenta o universo do meu corpo.

Preciso de ossos fortes, vigorosos, capazes de cumprir a missão com vigor, onde se faz necessária a resistência, e com delicadeza, nas posições maleáveis e flexíveis.

Dirijo meu pensamento aos ossos que não foram bem cuidados e também aos que não protegi quando era preciso. Vejo algumas juntas em estado um tanto precário e peço perdão. Apelo à minha coluna vertebral para que se mantenha firme, saudável, sem dor, sem travamento, cumprindo perfeitamente sua bela e importante função.

Invoco perdão pelas falhas, ignorância e desatenções na proteção aos ossos. Faço agora uma aliança de amor com a vida dos ossos. Bendigo-os um por um, e desejo que se fortaleçam sempre mais para manterem meu corpo jovem e forte.

***

Mentalização. Relaxe. Feche os olhos. Respire profundamente várias vezes, imaginando que, ao inspirar o ar, está revigorando os ossos. Veja todo o esqueleto iluminado com a luz branca da transparência espiritual. Visualize a energia luminosa infinita se projetando em todos os ossos do corpo, fortalecendo-os.

Todas as doenças ósseas, quebraduras, enfraquecimentos, defeitos, estão desaparecendo, porque agora a luz branca infinita de Deus está purificando, iluminando, refazendo, regenerando, moldando, rejuvenescendo cada osso.

Agradeça a perfeição que está se manifestando no corpo. E mantenha essa verdade mental. Acredite que assim como você visualiza, assim é.

29º Dia

Fortalecimento da saúde dos nervos, músculos e pele

Prossigo hoje a caminhada da minha perfeição física.

Meu corpo é o resultado da minha vida. Mente saudável, corpo saudável. Mente doentia, corpo doentio. Já percorri o meu corpo, desfazendo crenças negativas, e estabelecendo cumplicidade de amor. Iluminei o sangue, fortaleci os ossos e agora faço um encontro amoroso com os músculos, nervos e pele, pois quero mostrar-lhes o quanto os respeito, os admiro e desejo que cumpram com perfeição sua função essencial.

Sei que muitas vezes perturbei o bom funcionamento dos nervos. Reconheço que não dei a devida atenção aos músculos. Agora, que parei para pensar, percebi que maltratei bastante também a minha pele. Mas nunca é tarde para reatar as relações de amor e fazer a busca de tudo que é necessário para a saúde.

Aprendi que há um poder curador subconsciente e que este é acionado pelo pensamento, pelo desejo e pela fé na cura. É assim que faço agora com toda a boa vontade e carinho.

Amo meu corpo integralmente, perdoo o passado e peço desculpas pelos exageros e atropelos, principalmente pelas agressões aos músculos, nervos e pele.

Meu desejo agora é pedir encarecidamente aos músculos que sejam vigorosos e saudáveis; aos nervos, que tenham vitalidade e serenidade para exercerem sua função a contento; e à minha pele para que refaça as falhas, feridas e envelhecimentos prematuros, e continue firme defendendo o corpo contra o assédio exterior.

***

Mentalização. Antes de tudo, leia o texto abaixo. Relaxe. Respire profundamente várias vezes. Descanse a mente e o corpo.

Visualize um facho de luz infinita e cósmica percorrendo o interior do corpo, até inundá-lo totalmente. Visualize essa luz se concentrando nos nervos, depois nos músculos e, por fim, em toda pele.

Projete mais intensamente a luz recriadora sobre

os nervos e visualize-os perfeitos, distendidos, saudáveis.

Faça agora visita especial aos músculos, esta família tão importante para o corpo. Ilumine, com a luz da energia infinita, todos os músculos que, a partir deste instante, estão se tornando fortes, sadios e firmes.

Vá agora, pela imaginação, para fora do corpo, contemple sua pele, e faça a luz criadora impregnar cada átomo da pele, refazendo-a integralmente.

Agradeça e mantenha vívida essa imagem. Assim é e assim será.

30º Dia

Glândulas perfeitas

Nesta manhã maravilhosa, estou concluindo minha caminhada pelo universo fantástico do meu corpo.

Quero agora entrar em contato com as glândulas, a fim de louvá-las e conduzi-las ao funcionamento perfeito.

Sei que minhas glândulas são importantes. Sei que são sensíveis e fabricam hormônios, secreções, substâncias, que se destinam ao funcionamento equilibrado e sadio de todo o organismo...

Abençoo todas as glândulas, principalmente as salivares, o hipotálamo, a pineal, a mamária, a pituitária, a hipófise, a tireoide, as paratireoides, as suprarrenais. Mesmo que não conheça anatomia e medicina, sei que são extremamente necessárias e desejo que funcionem na justa e reta ordem divina.

***

Mentalização. Leia, antes da meditação, este texto. Relaxe. Respire profundamente várias vezes. Sinta-se bem. Imagine uma luz infinita e cósmica percorrendo todo seu corpo, inundando-o de energia vital.

Irradie luz, saúde e vitalidade para a hipófise, no centro do crânio. Visualize essa glândula, do tamanho de um grão de lentilha, toda iluminada, resplandecente e os raios de energia divina se expandindo da hipófise para todo o corpo.

Derrame energia infinita sobre a tireoide, no pescoço.

Ilumine as paratireoides, que estão no lado interno das tireoides.

A energia divina está vitalizando as glândulas suprarrenais, situadas acima dos rins, e imagine-as produzindo os hormônios necessários à saúde perfeita.

A Luz Infinita se derrama sobre os órgãos sexuais e genitais e a perfeição se manifesta nestes centros vitais.

Concentre-se nas glândulas mistas e abençoe o pâncreas, este laboratório extraordinário que está produzindo a insulina corretamente, curando e evitando o diabetes.

Diga para seu corpo que todas as glândulas agora devem funcionar corretamente, atendendo a todas as necessidades do organismo.

Diga: "Glândulas queridas, maravilhas da Criação, recebam a Luz Infinita da revitalização e da perfeição!"

Não se preocupe se não conhece as glândulas e sua função. Acredite que sua palavra é seu poder.

IV ETAPA

ESPÍRITO DE PERFEIÇÃO E PODER

***

CORPO SADIO

***

MENTE ILUMINADA

***

CORAÇÃO AMOROSO

***

10 DIAS

31º Dia

Contato com o espírito

Estou iniciando, com entusiasmo, a última etapa dessa caminhada pelo deserto místico de mim mesmo. Até aqui foi uma jornada incrível. Busquei a iluminação mental, o contato amoroso com meu coração afetivo, e irradiei saúde e perfeição ao corpo. Estou muito contente. Já me sinto outra pessoa!

Agora é o momento de penetrar a dimensão mais alta do meu ser: o espírito.

Sei que o mundo que eu crio na mente e no coração se torna realidade na minha vida.

De onde se origina essa verdade?

Do espírito.

O espírito é a fagulha divina, a dimensão mais alta do meu ser, é a origem do poder e da sabedoria, que existem em mim.

Quando eu alcanço a dimensão do meu espírito, manifesta-se a minha deidade, e então toco a região incomensurável do poder e da sabedoria.

O Mestre disse: "Vós sois deuses!"

O grande pensador, filósofo e teólogo Agostinho de Hipona, escreveu:

"Deus é mais interior ao homem
do que o próprio homem".

Ambos se referiam ao poder do espírito imanente na criatura humana. Eu acredito.

Eis porque tenho certeza de que esses quarenta dias iluminarão meu ser, me inundarão de amor, curarão as enfermidades, abrirão caminhos abençoados e tornarão felizes os meus dias.

***

Mentalização. Relaxe. Feche os olhos. Respire fundo algumas vezes até chegar às dimensões do seu infinito. Imagine seu espírito como sol divino, ou como a presença do Pai no seu secreto, ou como a Inteligência Infinita existente nas profundezas do seu ser, ou como a Luz a desfazer as sombras das dificuldades, doenças, contrariedades e maldades, ou como a força da fé que move montanhas, cura enfermidades, produz milagres e tudo alcança. Use a imaginação. Lembre o sábio da bíblia Salomão, que disse: "Assim como imaginou na sua alma, assim é".

32º Dia

O Poder infinito em mim

Neste amanhecer glorioso, acordo radiante, agradecendo o milagre da vida. A vida é de graça, por isso quero desfrutá-la ao máximo hoje, começando por essa reflexão.

Ontem reafirmei a existência do espírito, através do qual tenho certeza de que tudo posso.

Já não me sinto um ser inferior, nem fraco, nem dependente, nem indefeso e nem medroso.

Se tudo posso, significa que sou autor da minha vida e cabe-me fazê-la de acordo com meus desejos. Meu pensamento aciona o poder realizador. Minha vida é o resultado dos meus pensamentos, sentimentos, desejos e crenças. Este conhecimento me assegura que tudo que mentalizei ao longo desse deserto místico já é verdade na minha vida.

Agradeço a Deus, que me confiou poder e liberdade, concedendo-me o dom de ser autor de mim mesmo e da minha vida. Maravilhoso! Que bondade!

Bem-aventurado sou eu, que recebi as chaves do Poder Infinito: "Tudo o que eu ligar, será ligado; tudo o que eu desligar, será desligado". Com essas chaves simbólicas, abrirei as portas de uma nova vida, mais alegre, mais abundante, mais saudável, mais agradável, mais inteligente, mais positiva, mais poderosa, mais prestativa, mais confortável e mais feliz.

Sinto mais clara do que nunca a verdade desta Lei universal ensinada pelo Mestre:

"Tudo o que desejardes, podereis alcançar".

Eu sou o Poder.

***

Mentalização. Leia este texto antes de tudo. Relaxe. Solte-se bem. Feche os olhos, Respire profundamente várias vezes, concentrando-se na respiração.

Faça um exercício de imaginação e veja-se detentor do maior poder do mundo. Exercite esse poder, determinando a posse da felicidade, do amor, da paz, dos bens materiais que deseja. Agradeça.

33° Dia

Eu sou a minha palavra

Neste 33º dia do meu deserto místico, em que percorri as dimensões maravilhosas do corpo, da mente, do coração e do espírito, sinto-me feliz, em paz, e muito grato à vida que me orientou para esse deserto e assim me possibilitou começar a ser aquilo que desejo de mim.

Neste dia, quero lembrar o poder da minha palavra. Palavra significa pensamento, desejo, oração, canto, mentalização, meditação, ideia, pedido, crença, sentimento, emoção, fé, enfim, qualquer ato criador mental.

Observo minha vida e percebo que, sabendo ou não, fui literalmente conduzido pela minha palavra. Reconheço que minha palavra é ato criador. Assim como o mundo foi feito pela Palavra, assim também o meu mundo é feito pela minha palavra. Esta é a manifestação divina em mim.

Tomo consciência da força irresistível da palavra e ficarei atento dia e noite para só usar palavras positivas, otimistas, alegres, saudáveis, construtivas, bem-humoradas. Sei que, dessa forma, além de ver minha vida correr nesses trilhos benfazejos, as pessoas gostarão da minha presença benéfica e meus negócios marcharão com inusitado êxito.

Que maravilha!

***

Mentalização. Relaxe. Feche os olhos. Respire profundamente algumas vezes, concentrando-se no ato respiratório. Imagine-se pessoa positiva e otimista, que só pensa, fala, aceita e deseja coisas boas. Analise de que maneira poderia ter sido mais positivo o dia de ontem e visualize o dia de hoje como deseja.

34° Dia

Deus em mim

Neste finalzinho do meu deserto místico, não posso deixar de tocar num tema por demais essencial: Deus.

Às vezes, me assalta a dúvida se Deus existe e, se existe, será que não esqueceu os seres que criou? Por que tanto sofrimento no mundo? Por que eu não consigo ser a pessoa especial que desejo ser? Não existe o fatalismo? Onde se situa Deus, diante de tantas calamidades?

Que meditação profunda! Deus, o Criador, necessariamente tem que existir, porque nada vem do nada. Quem produziu o primeiro movimento? Qual foi a Vida que produziu a vida? E o universo e a ordem do universo, como se estabeleceram? Por acaso? Então Alguém teria criado o acaso. Deus existe. Se criou o mundo e se me criou, é um Ser que me ama. Se me ama, não me abandonou à minha própria sorte.

Se deu apenas ao ser humano o dom da palavra, dom que lhe é qualidade inerente, é porque quis que o homem também fosse criador. Para tanto, deu-lhe o dom da liberdade. Pela liberdade, qualquer ser humano pode desviar-se da harmonia universal e, com isso, gerar descontrole, doença, infelicidade, violência, sofrimento. Eis a origem da desgraça.

Se existe liberdade, não existe fatalismo. De tudo isto, concluo que sou obra-prima do Criador, detentor de sabedoria e poder, dotado de liberdade, a fim de ser o autor do meu destino. Acredito, ainda, no ensinamento de Jesus, que revelou que Deus é em mim e nós dois somos uma fusão divina. Deduzo, então, que sou um ser humano-divino, ou melhor, divino-humano. Pelo dom da liberdade, Deus não age em mim independente de mim, mas é a resposta, e sempre resposta imediata e infalível.

Incrível!

***

Mentalização. Relaxe, feche os olhos, respire profundamente várias vezes até penetrar os arcanos do seu mundo interior, e imagine-se em diálogo com Deus e dizendo-lhe tudo que tem a falar.

35º Dia

Eu sou Luz

Ontem mergulhei na minha infinitude, toquei minha origem primeira e me senti uno com Deus.

Uma Luz inusitada iluminou-me.

Lembro que Jesus disse, certa vez: "Vós sois a Luz do mundo". Também disse: "Andai na Luz".

Mas, quem é Jesus? É tudo que a Igreja e os teólogos afirmam dele? Tenho lido trabalhos que proclamam a divindade do Cristo e trabalhos que negam a divindade. Jesus, na verdade, afirmou que todos somos deuses. Se eu leio, com calma e reflexão, as quatro biografias do Mestre, não posso, em hipótese alguma, deixar de reconhecer que Jesus foi o maior sábio de todos os tempos. Sua sabedoria e poder transcendentais extrapolam o que aconteceu com qualquer outro ser que tenha vivido nesse planeta. Tudo que a psicologia moderna tem descoberto através de longos estudos e pesquisas, Jesus já havia ensinado há dois mil anos. Eu só não dava maior valor à sabedoria do Mestre na época em que pensava que a mensagem do Cristo eram certos sermões moralísticos, tratando apenas problemas locais.

Jesus, o grande e insuperável Mestre do amor, da paz, da felicidade, do poder criador, da abundância, é insuperável, e me faz vislumbrar algo além do Filho do Homem, como ele se denominava.

- Não ponha a sua Luz debaixo da mesa – recomendava o Mestre.

***

Mentalização. Depois de relaxar, acalmar a mente, respirar profundamente até sentir-se em paz e sereno, imagine Jesus, como você acha que ele foi e é, e trace o perfil dele de acordo com sua visão, conhecimento e crença. Imagine essa Luz, revelada por ele, iluminando todo seu ser.

36º Dia

Corpo sadio

Abençoo o meu corpo nesta meditação. Estou maravilhado com este incrível microcosmo, feito, com suprema perfeição e sabedoria, pelo Criador.

A mesma energia que antecedeu a criação do mundo acabou de recriar o meu corpo, deixando-o resplendente e perfeito, como se a ressurreição de Jesus tivesse acontecido em mim.

As doenças já estão longe de mim.

Eu sou filho de Deus perfeito e, em nome de Deus, proclamo mais uma vez a perfeição do meu corpo.

Meu corpo é hoje uma festa de luz. A energia do amanhecer inunda-o e me sinto leve, muito leve.

Todos os órgãos funcionam na mais admirável sincronia.

O sangue iluminado está levando vida e saúde para todas as partes do corpo.

Os ossos estão iluminados; os nervos estão iluminados; os músculos estão iluminados; a pele está iluminada; as glândulas estão iluminadas.

O meu cérebro está todo iluminado.

O meu corpo é agora um sol divino de luz e cada átomo contém a própria energia do universo.

Estou sadio, sadio, sadio. Muito sadio!

***

Mentalização. Relaxe, feche os olhos, respire profundamente algumas vezes. Visualize seu corpo rejuvenescido, saudável, elegante, bonito e perfeito.

37º Dia

Mente iluminada

Com imensa alegria, volto-me hoje para a dimensão da minha mente e não canso de admirar e louvar o poder criador que existe em mim. Como minha mente faz a minha vida, pois eu sou o que penso, agora determino que sou uma pessoa positiva, otimista, alegre, autoconfiante, serena e liberta.

Minha mente está límpida, clara, pura como a fonte cristalina.

Minha mente está lúcida: percebo a verdade, vislumbro o que é certo, tenho clareza nas situações conflitantes, sou calmo nas horas difíceis e tenho condições de decidir com acerto.

Minha mente acolhe a sabedoria infinita imanente.

Minha mente tem abertos os canais da inteligência e amplia a capacidade, a memória, a intuição e o discernimento.

Minha mente é forte e está acima das contrariedades e agressões externas.

Minha mente está iluminada e se expressa na dimensão universal e cósmica.

Minha mente é a manifestação da minha divindade. É por isso que a minha mente busca a felicidade e o bem e os encontra. E eu me sinto realizado na vida.

***

Mentalize a maravilha da sua mente e a sua capacidade de construir o melhor para si.

38° Dia

Coração iluminado

Neste dia, mergulho dentro do meu coração sentimental e vejo-o todo iluminado.

Raios dourados de luz infinita enchem meu coração de amor.

Meu coração é todo amor, por isso me sinto maravilhosamente bem aqui e em qualquer lugar.

Coração abençoado - fonte inesgotável de amor, lareira do aconchego, fogo do entusiasmo, luz da fé poderosa, apanágio do bem-querer, energia do prazer e do carinho, elo dourado da comunhão fraternal, música da sinfonia universal, tesouro de ternura e meiguice, oceano de bondade!

Lindo coração!

"Compreendo a tua sensibilidade, por isso não te afligirei com mágoas, ódios, raivas, agressões e perturbações".

Eu me amo, eu amo o meu coração e nós dois somos um no amor, para sempre.

Amanheço cheio de amor e adormeço inundado de amor.

O amor me ilumina, ilumina as pessoas que estão ao meu redor e ilumina o universo.

Eu sou amor. Eu sou AMOR. AMOR.

***

Mentalização. Relaxe. Feche os olhos. Entre mentalmente dentro do seu coração afetivo e imagine um belo cenário de amor e felicidade. Joseph Murphy já dizia que você se transforma naquilo que imagina ser.

39º Dia

Minha visão da vida hoje

Trigésimo nono dia. Que caminhada linda já percorri!

Sinto que minha vida está tomando outro rumo. Percebi que não fui feito para sofrer, passar necessidade, enfrentar a solidão, cair em frustrações, correr atrás das dívidas, passar sobressaltos, amargar decepções, depressões e estresses.

Minha vida é um presente gratuito de Deus, que me criou feliz para ser feliz. Tenho tudo para me sentir uma pessoa de alto-astral e autorrealizada.

Abençoo a vida, que para mim é uma festa. Amanheço em paz, bem-humorado, saudável, positivo, otimista; passo o dia desfrutando todas as coisas boas que ocorrem à minha passagem; adormeço agradecido e certo de que acordarei, pela manhã, bem-disposto e pronto para novas e maravilhosas colheitas.

Viva a vida!

Agora tenho olhos para ver esse mundo bonito, de flores, de árvores, de frutos, de aves canoras, de animais exóticos, de estrelas brilhantes, de céu azul! Até uma borboleta, o assobio do vento, o fulgor do sol, a suavidade da lua, são doces acalantos para o meu coração.

Estou vivo, que milagre estupendo!

Aproveito cada momento para colher alegrias, prazer, sorrisos, palavras benéficas, gestos de boa vontade.

A vida, sim, a vida para mim é uma festa, aconteça o que acontecer!

***

Mentalização. Depois de relaxar – pode ser ainda deitado na cama – faça uma rápida vistoria da sua vida até o início desse deserto místico. Em seguida, visualize sua vida agora, com os pensamentos e sentimentos que inundam sua mente e seu coração. Deixe aflorar essa nova visão e agradeça a si, ao universo e a Deus.

40° Dia

O reino dos céus interior

Estou chegando ao fim desse maravilhoso deserto místico. Está valendo a pena.

Não imaginava que poderia acontecer tão esplendorosa transformação. Sinto-me leve, positivo, alegre, no reino dos céus.

- O reino dos céus está dentro de vós mesmos – avisou o Mestre.

Reino dos céus é uma expressão usada por Jesus para dizer que a felicidade está dentro, portanto é inútil procurá-la fora.

Reino dos céus não tem nada a ver com a outra vida. É estado de plenitude e harmonia entre a mente, o coração afetivo, o corpo e o espírito. Esse estado harmonioso expande energia positiva para a humanidade, a natureza, o universo e chega a Deus. É por isso que, quando no reino dos céus, estou em estado de comunhão universal e minhas vibrações sintonizam com as mais altas vibrações cósmicas e divinas.

Já entendi que, quando chego a essa plenitude, sou a verdadeira e legítima criatura humana, tal qual imaginada pelo Criador. Significa que o projeto divino se realiza totalmente em mim.

Esse é o grande momento do meu deserto místico. E só cheguei a ele porque percorri um belo caminho de autodescoberta.

Tenho até vontade de erguer um brinde a mim mesmo, que mereço.

Viva a minha felicidade!

Viva o amor!

Viva a vida!

***

Mentalização. Relaxe, feche os olhos e respire calmamente várias vezes. Visualize-se feliz, muito feliz. Sinta-se em estado de reino dos céus. Vibre de alegria. Acredite que assim é e assim será.

Dia extra

Minha clarificação

Concluído meu deserto místico e espiritual, aproveito este dia especial para relembrar tudo que aprendi de especial ao longo dessa caminhada de quarenta dias inesquecíveis. Acho, até, que no início eu não alimentava muita expectativa. São tantas as ocasiões em que há encontros, palestras, retiros, livros, de tal forma que é fácil cair na rotina da mesmice. Mas, agora, percorridos esses quarenta dias, percebo que já não sou mais a mesma pessoa. Sou dominado por uma energia positiva, olho a vida com otimismo, acredito em mim, tenho fé absoluta de que estou chegando ao meu momento vital ideal e, o que é melhor, gosto de viver, adoro viver, sinto imensa alegria de viver. Não há dinheiro que pague esse sentimento delicioso.

Continuarei cultivando essas verdades prazerosas, pois assim a vida é bela, gostosa e agradável.

Vejo o passado como escola positiva, o presente como única realidade existencial, e o futuro apenas como a colheita do presente.

Agora, tudo é simples e claro em mim. Sei o caminho.

Cultivo a saúde do corpo, ponho pensamentos positivos na mente, e inundo de amor o meu coração. No exercício do poder criador, volto-me para a dimensão do espírito, onde se situa a sabedoria e o poder.

"Aquele que tiver fé, fará as obras que eu faço, e fará obras ainda maiores."

Com a mente clarificada, agora eu entendo. Demiti os medos, pânico, depressões e estresses.

Sinto-me envolto num denso e poderoso halo de Luz. Essa auréola me protege em todas as circunstâncias.

Mas, de modo todo especial, esta clarificação interior me traz paz, alegria e bem-estar.

***

Mentalização. Relaxe. Feche os olhos. Respire profundamente. Imagine-se entrando nas dimensões do seu mundo interior. Faça uma visão global desses quarenta dias e clarifique sua nova realidade. Agradeça. Refaça todos os dias esse quadro mental. Assim é e assim será.

Fim

ÍNDICE